AF456244

MINETTE

COMÉDIE-VAUDEVILLE EN UN ACTE

PAR

MM. LAMBERT-THIBOUST ET JAIME FILS

REPRÉSENTÉE POUR LA PREMIÈRE FOIS, A PARIS, SUR LE THÉATRE DU PALAIS-ROYAL, LE 5 AVRIL 1855.

PARIS

MICHEL LEVY FRÈRES, LIBRAIRES-EDITEURS,

RUE VIVIENNE, 2 BIS.

1855.

DISTRIBUTION DE LA PIÈCE.

HORACE CRÉPILLOT.	MM.	RAVEL.
ADOLPHE SÉLIGNY		LÉVY-SULLY.
DUPARQUET		LHÉRITIER.
CROISILLON, tapissier.		KALEKAIRE.
ESTELLE DE BOISLAMI, nièce de Duparquet.	Mlles	DUVERGER.
JEANNE, domestique.		AZIMONT.

NOTA. — Toutes les indications sont prises de la salle. — Les personnages sont placés en tête des scènes dans l'ordre qu'ils occupent, c'est-à-dire que le premier inscrit tient la gauche. Les changements de position sont indiqués par des renvois.

MINETTE.

Un petit salon, cheminée au fond surmontée d'une glace. — Portes latérales, malles de voyage. — Sur des chaises, des vêtements de femme.

SCÈNE I.

JEANNE, puis DUPARQUET, et ESTELLE.

JEANNE.

Voilà une heure que je suis au service de la dame qui demeure ici, et j'ai envie de m'en aller... Elle est très-bien, cette dame, mais il y a un vieux! je dis un vieux... je ne l'ai pas vu... mais quel vilain vieux! il est là, en train de s'habiller et il fait un boucan!

DUPARQUET, dans la coulisse.

Je ne coucherai pas ici cette nuit... il y a des courants d'air...

ESTELLE, dans la coulisse.

Mais le tapissier va venir, il mettra des bourrelets.

DUPARQUET, entrant furieux. *

Je n'en veux pas!... si je tenais le bandit qui m'a forcé de venir à Paris.

JEANNE, à part.

Il est de la province.

DUPARQUET, s'assied devant une table sur laquelle est un déjeûner.

Pristi! qu'est-ce qui a fait ce café-là?

ESTELLE.

C'est la bonne!

DUPARQUET.

C'est une dinde!

JEANNE.

Plait-il?

ESTELLE.

Il est excellent.

DUPARQUET.

Il est détestable... je suis pressé, on me donne du café bouillant! On veut corroder mon intérieur. Vous chasserez cette fille, je ne veux pas voir son museau.

JEANNE.

Son museau!

DUPARQUET.

Tu me déplais... tu es laide... tu louches... Portier? où est le portier? (A Jeanne.) Veux-tu aller me chercher le portier, toi?

* Estelle, Duparquet, Jeanne.

JEANNE, effrayé.

On y va, monsieur... on y va. (A part, en sortant.) En voilà un singe !

(Duparquet et Estelle prennent le café.)

ESTELLE.

Vraiment, vous m'inquiétez. Je suis venue à Paris, malgré moi... la chicane m'ennuie... je ne sais pas un mot de votre affaire... mais en vérité, c'est donc une chose bien grave ?

DUPARQUET.

Ah ! enfin ! tu as donc du cœur ! c'est si grave que pour étouffer ce procès, je donnerais l'impossible... Tu te rappelles ma propriété de Vermoulu ?

ESTELLE.

Une villa charmante !

DUPARQUET.

Que j'ai en horreur !

ESTELLE.

Au bord d'un délicieux ruisseau.

DUPARQUET.

Source de mes tribulations... Il m'appartient. Nous avions un voisin... le nommé Pichard.

ESTELLE.

Ah ! oui... ce bel homme !

DUPARQUET.

C'est ce que disait ma femme. (A part.) Coupable Cornélie ! (Haut.) J'avais fait faire un ravissant petit pont chinois... le voisin passait dessus.

ESTELLE.

Dame ! les ponts sont faits pour...

DUPARQUET.

J'en ai acquis la certitude... au retour d'un voyage...

ESTELLE.

Pendant lequel vous aviez laissé ma tante toute seule.

DUPARQUET.

Précisément... L'indigne voisin avait abusé de mon pont... Alors, qu'est-ce que je fais, moi ? je fais sauter le pont... l'infâme Pichard exige que je le rétablisse, et ma femme aussi... Je refuse... il me menace d'un procès... il m'assigne... mais, mille tonnerres ! je ne peux pourtant pas confectionner un pont pour que ce monsieur rende des visites à ma femme, à deux heures du matin.

ESTELLE.

Calmez-vous !

DUPARQUET.

J'étais désespéré, lorsqu'un matin j'apprends que je n'avais plus d'adversaire... le malheureux avait avalé une arête.

ESTELLE.

Le procès était onc...

DUPARQUET.

Arrêté ? Eh bien ! non... un avoué du nom de Crépillot achète l'affaire aux héritiers et veut poursuivre. (Avec rage.) Oh ! je tuerai ces Crépillot jusqu'au dernier.

JEANNE, rentrant suivie du portier.

Monsieur, v'là le portier !

DUPARQUET, prenant son chapeau.

Ah ! portier, conduis-moi chez un avocat, chez un bon... (Criant.) un avocat, vieille buse !

LE PORTIER.

Monsieur, il y en a plein le quartier des avocats.

DUPARQUET.

J'en veux un excellent... s'il ne plaide pas à mon idée , je lui casse les reins.

JEANNE, à part.

Quelle occasion de plaider pour ce monsieur !

DUPARQUET.

Qu'est-ce que tu chantes, toi ?

JEANNE.

Monsieur ! je ne chante pas.

DUPARQUET.

Si tu n'es pas contente, fiche-moi le camp !

ESTELLE, souriant.

Mais, en vérité... calmez-vous !

DUPARQUET, gesticulant avec sa canne.

Ah ! je sors, car tous ces gens-là finiraient par me mettre en colere ! (Au portier.) Marche donc, imbécille !

Air :

ENSEMBLE.

DUPARQUET.

Le diable soit de Paris !...
On le nomme un paradis ;
Mais franchement, je le dis
Quel fichu pays !

ESTELLE.

Pourquoi, mon oncle, à Paris,
Ne voir que des ennemis ?
Calmez-vous et vos ennuis
Seront tous finis !

JEANNE.

Le bourgeois n'est pas poli...
Dans la maison, avec lui,
Je crains bien que mes ennuis
Ne soient pas finis !

(*Duparquet sort furieux en bousculant le portier.*)

SCÈNE II.

ESTELLE, JEANNE, puis CROISILLON. *

ESTELLE.

Enfin, le voilà parti! ce malheureux procès l'a rendu d'une humeur...

JEANNE.

De dogue!

ESTELLE, sévèrement.

Vous dites? mademoiselle!

JEANNE.

Pardon, madame... moi qui ne plaide pas, je trouve que de s'entendre appeler dinde... c'est bien humiliant!

ESTELLE.

Excusez-le, je vous prie, mon enfant... j'aurai soin de vous dédommager...

JEANNE, à part.

Elle a l'air fier... nous verrons les dédommagements.

ESTELLE, mettant son châle et son chapeau.

Vous avez prévenu le tapissier? a-t-il apporté ces candélabres que je lui ai demandés?

JEANNE.

Oui, madame, il les a placés dans le petit salon où il travaille depuis une heure.

ESTELLE.

C'est bien! cet appartement manque du plus simple confortable. (A Croisillon qui entre.) ** Ah! monsieur, je vous recommande les rideaux.

CROISILLON.

Tout de suite, madame!

ESTELLE.

Combien vous dois-je pour ces candélabres?

CROISILLON, très-respectueux.

Ah! rien ne presse... j'espère bien que madame ne bornera pas là sa commande... nous avons un assortiment des plus riches: meubles de boule, glace de venise, tapis, bronzes, pendules, le tout à juste prix! Quant au paiement, rien qu'en voyant madame, on serait trop heureux de mettre à sa disposition... le temps n'y fait absolument rien...

ESTELLE.

Bien, bien, merci... Peut-être si nous nous fixons à Paris... (Regardant autour d'elle.) Il faut convenir que tout ici est d'un goût détestable.

CROISILLON.

Ignoble!... pas le moindre cachet.

* Jeanne, Estelle.

** Croisillon, Estelle, Jeanne.

ESTELLE.

Hâtez-vous je vous prie... je sors pour quelques emplettes et je reviens. (Elle sort.)

SCÈNE III.

CROISILLON, JEANNE. *

CROISILLON, regardant sortir Estelle.

Beaucoup... énormément de distinction.

JEANNE.

Oui ! c'est de la haute ; mais c'est fier... Du reste, elle ne m'a pas marchandé... je lui ai demandé trente francs par mois, et elle m'a promis des profits... Qu'elle fasse sa tête tant qu'elle voudra... v'là une bonne place !

CROISILLON.

Des rideaux de soie, des tapis neufs... commandés sans demander le prix... trente pour cent de bénéfice ! v'là une bonne pratique ! (Il sort à gauche.)

SCÈNE IV.

HORACE, il entre tenant à la main un porte-manteau.

(On entend deux coups de sonnette.)

Ah ! c'est trop fort !... (Il paraît.) Tiens ! personne... et la clé sur la porte. Ah ! dans son cabinet de toilette... Rassure-toi, ma chère amie, ça n'est pas un créancier... Personne !... ah ! dans sa chambre à coucher... personne... elle est sans doute chez Albertine, son amie. Enfin, je suis chez elle...chez Minette !... Chez elle ! je pourrais dire chez moi... ces meubles, je les reconnais ! l'ingrate !... tenez, voilà ma chauffeuse, mes chenets, mon soufflet... je lui avais donné un soufflet le jour de sa fête. Tout y est... tout... tenez, jusqu'à mon portrait... ma photographie accrochée à la cheminée, rien n'a changé... Minette seule. (Il s'émeut.) Euh ! c'est drôle de revoir tout ça ! vrai, ça me... comme c'est bête ! j'ai envie de pleurer... Je suis ému, quoi !

Air : *Renaudin de Caen.*

Des pleurs viennent mouiller mes yeux,
Car ce mobilier me rappelle
Le temps où je la vis si belle,
Le temps où j'étais amoureux.
Ce tapis, où notre jeunesse
Sautait polkas et rédovas,
Semble dire : De ta maîtresse,
Ami, j'ai vu tous les faux pas.
La même table ! quel bonheur !
A nos soupers elle était chère.
Assis là, nous n'avions qu'un verre,
Longtemps nous n'avons eu qu'un cœur;

* Croisillon, Jeanne.

Ce vieux fauteuil, c'était mon trône
Il m'a porté, mais ô fureur!
Ce même trône que je prône
A vu mon affreux successeur.
Canapé, sur toi plus d'ennui,
Ton éloge, dois-je le faire ?
Non ! je crois qu'il vaut mieux me taire
Je serai discret comme lui.

(Il va à la cheminée).

O pendule ! quand la débine
Avait pincé mon dernier sou,
Que de fois, à l'heure où l'on dine,
Que de fois je t'ai mise au clou !
Et Minette, alors sans façons,
Savait bien lever mon scrupule ;
Elle remplaçait la pendule
En m'éveillant par ses chansons.
Bref, rideaux, chaises, glace, armoire,
Si je voulais vous écouter,
Vous me diriez plus d'une histoire
Que je ne peux pas raconter.
Cher petit logement! enfin
Je te revois... et je regrette
Le temps où j'adorais Minette
Sans m'occuper du lendemain.

O Minette !... Vous me demanderez ce que c'est que Minette ? c'est tout simplement ma bonne amie, une petite blonde qui a un rude chique, allez !... Elle m'avait chargé, pendant huit mois, de payer son terme... sa couturière, son tapissier et son restaurateur... Au bout de huit mois, j'avais complètement pulvérisé les billets de mille que papa m'avait donnés. La panne s'asseyait sur le seuil de nos amours... je me vis forcé de repartir pour Chatellerault... j'y restai six mois... Eh bien ! savez-vous ce qui s'est passé pendant ces six mois?...cette indigne Minette... eh bien ! oui... et avec qui ?... Ah ! Chatellerault me devient insupportable ! je ne respire plus que vengeance... Minette ! Paris ! Paris ! Minette !... voilà mon rêve ! et je n'ai plus le sou !... lorsque Papa me charge un beau matin d'aller à Paris surveiller un procès contre un sieur Duparquet... il m'ouvre sa caisse...—On a bien raison daimer ses parents!... J'y plonge ! je file et j'arrive ici, chez Minette... lui demander compte de sa conduite ! la perfide ! oh ! (Il tire de sa poche un porte-cigarre et en prend un.) Où sont donc les allumettes?... sapristi ! il n'y a donc pas d'allumettes dans la maison ! ah ! dans mon porte-manteau. (Il cherche dans son porte-manteau et en retire un dossier.) Ça c'est le procès Duparquet... affaire du pont mitoyen... Tiens, une lettre, (Il lit.) « O Cornélie idole de mon âme. » C'est du Guillaume-Tell, ça ! « oui, tu l'as dit... oui, tu m'aimes. » ça n'a aucun rapport avec le procès ça... l'allumette demandée, voilà. (Il froisse le papier, le fait flamber au feu de la cheminée et allume son cigarre.)

SCÈNE V.

JEANNE, HORACE.

JEANNE, un balai à la main, sans voir Horace.

Ah ! mon dîner est en train ; maintenant, il faut faire balai neuf. (Elle se met à balayer.) C'est étonnant, on dirait que la cheminée fume. (Voyant Horace, saisissant son balai.) Ah !

HORACE.

Qu'est-ce que c'est que ça ?

JEANNE.

Qu'est-ce que vous faites donc là ? n'approchez pas.

HORACE, riant.

Ah ! ah ! elle me prend pour un filou... détrompe-toi, caméríste, voici de quoi te rassurer. (Il lui donne cinq francs.)

JEANNE.

Cent sous... vous n'êtes donc pas ?...

HORACE.

Un voleur... non, pas pour le moment... je ne sais pas ce que je deviendrai plus tard... mais enfin, pour le moment... mais toi, qu'es-tu ici ?

JEANNE.

Dame ! vous le voyez bien, je suis la bonne à madame.

HORACE.

Tu es la bonne à madame ? elle a donc renvoyé Aglaé ?

JEANNE.

Quelle Aglaé ?

HORACE.

Aglaé... la soubrette de mon temps... une fille qui lui était bien attachée... et qui avait un chic pour renvoyer les créanciers ! comment t'appelles-tu ?

JEANNE.

Jeanne, monsieur.

HORACE.

Jeanne ! es-tu contente de ta place ?

JEANNE.

Dame ! jusqu'à cette heure...

HORACE.

Et... comment s'appelle-t-il ?

JEANNE.

Comment s'appelle-t-il ?

HORACE.

Lui !

JEANNE.

Qui, lui ?

* Horace, Jeanne.

HORACE.

Le roi de cœur!

JEANNE, interdite.

Le roi de cœur?

HORACE, à part.

Ce n'est pas une bonne? c'est un kakatoès!... où est Minette?

JEANNE.

Minette!

HORACE, criant.

Oui, Minette Taupier... ta maîtresse, petite cruche!

JEANNE.

Mais monsieur se trompe! ma maîtresse se nomme Estelle de Boislami.

HORACE.

Estelle de... (Il s'assied en riant aux éclats.) Ah! ah! ah! elle est forte, celle là!... farceuse de Minette! elle a changé de nom!

JEANNE.

Comment, monsieur?

HORACE.

Oui, camériste, apprends qu'Estelle de Boismimi...

JEANNE.

Boislami.

HORACE.

Lami... mimi... qu'importe! ta maîtresse s'appelait de mon temps Minette Taupier!

JEANNE.

Et monsieur est bien sûr?

HORACE, la conduisant près du portrait.

Sûr? tiens, regarde!... * Quel est ce portrait?

JEANNE.

Attendez-donc!... Ah ça! mais on jurerait...

HORACE.

Tu vois... je suis de la maison!

JEANNE.

Oh! par exemple!... moi qui ai été femme de confiance chez madame de Saint-Tropez, j'avoue qu'avec son air pimbêche, sa petite mine réservée... madame m'a joliment mise dedans.

HORACE.

Sa mine réservée!... Minette!... la reine de Mabille... la marquise de Valentino... la rose du Château-des-Fleurs... Minette! une femme qui était sur le point d'écrire ses mémoires... des mémoires si curieux, qu'on les eût immédiatement défendus! Minette! la fée du plaisir... la fille du Champagne... l'éclat de rire de nos soupers! Minette! qui se promenait tous les jours aux Champs-Élysées!... dans un petit panier à salade!... Minette!... et tu ne l'as pas reconnue!

* Horace, Jeanne.

Air : *Et allez donc !*

Qui donc polkait,
Rédowait
Et mazourkait ?
Reine en ces nuits de fête !
Qui donc soupait ?
Qui donc chantait
Et buvait ?
Et, rieuse et coquette,
Vous fascinait,
Vous charmait ?
Qui vous pinçait ?
Vous séduisait,
Vous ruinait ?
Ah ! c'était Minette !

C'était Minette !
La brunette
Si bien faite,
La fillette
Plus guillerette
Que Lisette !
Chacun la guette.
Et tout Paris qui la fête,
La voyant passer répète :
« Vive Minette ! »

Le piston du Château-des-Fleurs
Donne le signal de la danse ;
Minette, au milieu des polkeurs
M'entraîne gaîment, puis s'élance !
Et par sa danse agile,
Minette, chaque soir,
Faisait le désespoir
Des sergents de ville !

Qui donc polkait, etc., etc.

ENSEMBLE.

C'était Minette ! etc.

(*Il exécute sur la ritournelle une danse échevelée, et entraîne Jeanne ; ils tombent tous deux après un pas effréné.*)

JEANNE.

Et moi qui l'avais prise pour une grande dame ?... cette mijaurée !

HORACE.

Ah ! Jeanne !... Aglaé ne s'y serait pas trompée ! Quand Minette prenait ses grands airs... Aglaé lui faisait comme ça ! (Il met ses doigts devant son nez.)

JEANNE.

Ah bien! vous pouvez être tranquille... qu'elle s'y frotte à présent!

HORACE.

C'est ça! il faut la mener à la baguette, nom d'un petit bonhomme!

JEANNE.

Faut pas qu'elle m'asticote... ou je l'envoie à la balançoire.

HORACE, à part.

Voilà une domestique qui s'exprime bien... Comme on voit qu'elle a servi chez madame de Saint-Tropez... on reconnaît toujours les domestiques qui ont servi dans les bonnes maisons. (Montrant le paletot.) Tiens! qu'est-ce que c'est que ça?

JEANNE.

Ce sont ses frusques.

HORACE.

A qui?

JEANNE.

Au roi de cœur.

HORACE.

Quel homme est-ce?

JEANNE.

Tout ce qu'il y a de plus butor... un hippopotame qui ne parle que de volées... de raclées... il reviendra pour dîner à six heures.

HORACE.

Mille papillottes! Voilà encore cent sous... ne manque pas de m'avertir. * Maintenant, va à ta cuisine, ma fille... moi, j'attends ici Minette pour me venger!... Embrasse-moi, ça m'encouragera. (Il l'embrasse à plusieurs reprises.) Ça t'est égal, que je t'embrasse?

JEANNE.

Oh! allez-y! (Horace l'embrasse, elle sort.)

HORACE, à part.

Allez-y!... comme on voit qu'elle a servi dans les bonnes maisons. (Elle sort en chantant : « C'était Minette. » — Il regarde le paletot qu'il a repris, prend un mètre et mesure le dos.) Quatre-vingts centimetres d'envergure!... c'est un rude gaillard!

SCÈNE VI.

CROISILLON, HORACE. **

CROISILLON, entrant avec le portier qui apportent des rideaux.

Voici qui fera parfaitement.

HORACE.

Qu'est-ce que c'est que celui-là?

* Horace, Jeanne.

CROISILLON.

Achevons avant qu'elle ne revienne... pour me mettre dans ses bonnes grâces.

HORACE.

Oh! si c'était lui... l'hippopotame! (Pendant que Croisillon place l'étoffe sur un fauteuil, il lui mesure le dos.) Juste! à deux centimètres près!

CROSILLON, apercevant Horace.

Monsieur... (Il le salue.)

HORACE, le saluant.

Monsieur... (A part.) Quelle binette!... Ah! Minette! une femme de goût! (Haut.) Monsieur est de la maison?

CROISILLON.

Pour le moment.

HORACE.

Pour le moment me paraît un mot profond... On est depuis peu en relations avec la maîtresse?

CROISILLON.

Tout nouvellement, monsieur, et je brûle de continuer.

HORACE.

Ça se comprend, la maîtresse de la maison est une femme...

CROISILLON.

Charmante, monsieur... Pour le quart-d'heure, je lui mijote un mobilier.

HORACE.

Un mobilier! Oh! vous pouvez lui en offrir plusieurs... elle en fait une consommation!

CROISILLON.

Tant mieux! Il faut avouer que tout ce qui est ici est de la vraie pacotille.

HORACE.

Plaît-il? *

CROISILLON.

Celui qui a fourni tout cela, est un vil paltoquet.

HORACE.

Ah! mais! ah! mais! ah! mais!... Dites-donc, là-bas, sachez que c'est moi qui ai choisi, qui ai fourni tout cela.

CROISILLON, à part.

Ah! c'est un tapissier aussi, c'est un confrère! (Haut.) Je devine... vous êtes son ancien?

HORACE.

Eh bien! oui, je suis son ancien!... Vous êtes son nouveau, vous?

CROISILLON.

Je m'en flatte.

HORACE, à part.

Je le rosserais avec délices, s'il n'avait pas quatre-vingts cen

* Horace, Croisillon.

timètres. (Haut.) Soyez franc, voyons... entre nous... nous sommes copins... Vous a-t-elle parlé de moi, Horace Crépillot.

CROISILLON.

Elle ne vous a pas nommé... mais elle m'a donné à entendre que vous n'étiez pas fort.

HORACE, furieux peu à peu.

Et vous l'êtes, vous ?

CROISILLON.

On le dit... je crois, sans vanité, qu'elle est contente.

HORACE.

Ah !

CROISILLON.

Dame! vous savez, je fais de mon mieux. Je suis disposé à faire les avances nécessaires.

HORACE.

Mais vous n'irez jamais jusqu'à mille francs !

CROISILLON.

Moi, j'irai jusqu'à trente mille francs, tant elle m'inspire de confiance.

HORACE, à part.

En voilà un vieux pigeon.

CROISILLON.

A votre service, monsieur... voici ma carte.

HORACE, à part.

Il me provoque ! (Lisant.) Croisillon, tapissier. (Haut.) Vous êtes tapissier ?

CROISILLON.

Oui, et vous ?

HORACE.

Moi !... Mais cette loque n'est donc pas ta propriété ?

CROISILLON.

Du tout.

HORACE.

Et ce mobilier que tu parlais de lui offrir ?

CROISILLON.

Moyennant quinze mille francs, prix de fabrique.

HORACE.

Bon! encore un qu'elle va dindonner ! Change cette pacotille, va, mon bonhomme !... cette fois... (Chanté.)

« Paiera qui pourra, la rirette ! »

CROISILLON.

Hein ?

HORACE.

Ne me présente pas ta facture, j'en ai assez !

CROISILLON.

Comment! madame de Boislami !...

HORACE, criant.

Minette Taupier !... pas Boislami... Taupier. As-tu des enfants, une femme ?

CROISILLON.

J'en ai cinq.

HORACE.

Fichtre ! c'est beaucoup !... Suis les conseils d'un jeune homme échaudé... Tu vois en moi une de ses victimes... Garde-toi de Minette Taupier, la providence des commissaires-priseurs.

CROISILLON.

Pas possible !

ADOLPHE, à la cantonnade.

Merci ! j'attendrai... (Il paraît au fond ; il est très-bien mis, gants blancs, un bouquet à la main.)

HORACE.

Quel est cet Eudymion ?*

CROISILLON.

Et j'allais lui faire crédit !

HORACE.

Dans l'intérêt de ta famille, ne lui fournis pas même une chaufferette.

CROISILLON.

Ah ! monsieur, comptez sur ma reconnaissance.

ENSEMBLE.

Air :

ADOLPHE, à part.

Quelqu'un entre nous, quel supplice !
Mais de l'importun que voilà
Le hasard, me rendant service,
Peut-être me délivrera.

CROISILLON, à part.

Il me rend un fameux office !
Ma famille le bénira.
Ah ! certes, d'un pareil service
Le ciel le récompensera.

HORACE, à part.

A juger par cet air novice,
C'est un amoureux que voilà !
Et c'est pour lui rendre service
Que le hasard m'a placé là !

(*Croisillon rentre à gauche.*)

SCÈNE VII.

HORACE, ADOLPHE. **

HORACE, saluant.

Monsieur !...

* Adolphe, Croisillon, Horace.
** Adolphe, Horace.

ADOLPHE, saluant.

Monsieur !... (A part.) Et moi qui espérais la trouver seule.

HORACE, le mesurant par derrière avec son mètre.

Non, ce n'est pas lui ; il n'a que quarante-deux centimètres.

ADOLPHE.

Pardon, monsieur... je venais... je croyais... Mademoiselle de Boislami, s'il vous plait?

HORACE.

Ce n'est pas moi... Oui, très-bien... je comprends son affaire. (A part.) C'est le petit, le valet de cœur, l'Arthur.

ADOLPHE, se levant.

Je reviendrai.

HORACE.

Non pas... Je suis enchanté de faire votre connaissance... Magnifique bouquet !... des camélias, des roses pompon... Ça vient de chez madame Prévot... en voilà pour 20 francs !... Bravo ! (Il prend le bouquet des mains d'Adolphe, et va le poser sur la cheminée.) Il y a longtemps que vous la connaissez?

ADOLPHE, embarrassé.

Monsieur !...

HORACE.

Vous pouvez m'avouer ça, je suis son ami intime.

ADOLPHE.

Vraiment !

HORACE.

Son second frère !... elle n'avait rien de caché pour moi. (Il s'assied à droite.)

ADOLPHE.

Ah ! quel bonheur !

HORACE.

Ainsi, vous l'aimez?

ADOLPHE.

Elle est si belle !

HORACE.

Elle se met du blanc, vous savez?

ADOLPHE.

Oh ! monsieur, c'est une calomnie !

HORACE, à part.

Il l'aime comme moi, l'été dernier... (Haut.) Où l'avez-vous connue?... à Mabille ?... à Valentino ?

ADOLPHE.

Oh ! monsieur... en voyage, en Suisse... (Il s'assied près d'Horace.) J'ai fait sa connaissance en bateau à vapeur ; elle revenait avec son oncle.

HORACE, à part, riant.

Son oncle, parfait !... Il a pris l'homme au paletot pour son oncle... J'ai été bête comme ça !

ADOLPHE.

J'ai osé la suivre... Il y a deux jours, je me suis présenté chez elle... elle m'a reçu avec tant de grâce...

HORACE.

Vous apportiez quelque chose?

ADOLPHE.

Comme aujourd'hui, un bouquet.

HORACE.

C'est ça... on commence par les bouquets, et on finit par les garnitures de cheminée.

ADOLPHE.

Je ne vous comprends pas.

HORACE.

Pauvre petit! vous m'affligez!... (Il se lève.*) Comment vous appelez-vous?

ADOLPHE, se levant.

Adolphe Séligny.

HORACE.

Votre âge?

ADOLPHE.

Vingt-trois ans.

HORACE.

Séligny, avez-vous de la fortune?

ADOLPHE.

J'ai vingt mille francs de rente.... comme tout le monde.

HORACE.

Elle sait ce détail?

ADOLPHE.

Oui, monsieur.

HORACE.

Elle a dû vous sauter au cou?

ADOLPHE.

Mademoiselle de Boislami?

HORACE, criant.

Taupier!

ADOLPHE.

Je lui ai offert ma main, elle a refusé.

HORACE.

Elle a refusé votre main?

ADOLPHE.

Hélas! oui.

HORACE, à part.

Il n'y avait rien dedans.

ADOLPHE.

Elle a été d'une réserve, d'une pudeur, d'une noblesse...

HORACE, à part.

Ah! mais je n'ai jamais été toqué de cette façon-là, moi.

* Horace, Adolphe.

ADOLPHE.

Ça m'a monté la tête, et pour l'obtenir...

HORACE.

Je te comprends : Adolphe, tu vas écornifler ta légitime.

ADOLPHE.

Oui.

HORACE.

La cribler de présents?

ADOLPHE.

Oui.

HORACE.

Les bracelets... les cachemirs... les voitures...

ADOLPHE.

Oui.

HORACE.

Et ton portrait ?

ADOLPHE.

Oh ! je n'oserais.

HORACE.

Pourquoi pas ?... Tu peux le lui envoyer, ton portrait, et elle l'attachera à sa cheminée... et un jour, Adolphe, lorsqu'un jeune imbécille viendra te rabâcher ce que tu me ragotes depuis une heure, tu le prendras par la main, tu lui montreras ton image.

(Il le conduit près de la cheminée et lui indique un portrait qui y est accroché.)

ADOLPHE.

Votre portrait !

HORACE.

Et tu lui diras : voilà le sort réservé aux fils de famille imprudents... aux dindons qui se laissent plumer... On les accroche sur le trumeau, à côté des vieux almanachs, et on se dit parfois en les contemplant : Voilà un imbécille que j'ai joliment fait poser !

ADOLPHE, à lui-même.

Son portrait ! (Haut.) Que signifie ?

HORACE.

Que celle que tu aimes est indigne de ton amour.

ADOLPHE.

Oh ! mon Dieu ! Estelle !

HORACE.

N'est autre que Minette Taupier.

ADOLPHE.

Minette !... et Minette, c'est...?

HORACE.

Une fantaisiste, une rigoleuse premier numéro... Quand je la connus, j'avais ton âge... je n'étais pas aussi jeune que tu en as l'air... et, moins heureux que toi, Adolphe, (Avec émotion.) personne ne m'a tendu la main au bord du précipice.

ADOLPHE.

Et alors...?

HORACE.

Et alors... j'ai dégringolé.

ADOLPHE.

Et moi qui la respectais comme un ange!... moi, qui voulais l'épouser!

HORACE, avec chaleur.

L'épouser!... épouser une femme qui a des indigestions d'écrevisses deux fois par jour!... épouser Minette! allons donc!... Je serai là, moi, Horace, près de toi, pour te crier : Passez au large... Je serai le bec de gaz placé sur le boulevart de ta jeunesse... je serai le gendarme aposté sur la frontière de tes illusions... je serai ton ami, ton frère, ton conseiller, ton mentor; je te dirai un tas de sottises... tu seras mon vaudevilliste, je serai ton feuilleton du lundi.

ADOLPHE, ému.

Ah! moi qui l'aimais tant!

HORACE.

Air : *Elle a trahi ses serments*, etc.

Tu te perdais et sans moi, jeune fou,
Oui, tu roulais dans le fond d'un abîme!
Horace veut te crier : casse-cou.
Horace veut sauver une victime.
Je jure ici de sauver tes vingt ans
Et les Horaces tiennent bien leurs serments. } *bis.*

ADOLPHE.

Oh! c'est indigne!... mais je me vengerai!

HORACE.

A la bonne heure!

ADOLPHE.

Je traiterai la perfide comme on traite ses pareilles!

HORACE.

C'est ça!... mène-la tambour battant, musique en tête!... au lieu de cet air langoureux, prends le ton cavalier... bois un verre de moet... ça te donnera de l'aplomb! aborde-la crânement, le chapeau sur l'oreille, en fumant ton panatellas.

ADOLPHE.

Oh!

HORACE.

Et s'il s'éteint, elle t'offrira du feu.

ADOLPHE.

Ah! mademoiselle Minette...

HOROCE, achevant.

Taupier!

ADOLPHE.

Vous aurez de mes nouvelles!... Entre nous, cher ami, c'est à la vie et à la mort... Votre nom?

HORACE.

Horace Crépillot.

ADOLPHE.

Horace Crépillot, je vous vengerai !

HORACE, riant.

A la bonne heure !

ENSEMBLE.

Air des *Sept-Châteaux*.

Vengeance ! (*bis.*)
Il faut nous nuir,
Car c'est une offense
Que l'on doit punir.

SCÈNE VIII.

HORACE, puis JEANNE, puis ESTELLE.

HORACE, se promenant avec satisfaction.

Eh bien, là, vrai, je suis content... Je viens de faire deux bonnes actions, et je me venge... Ah ! ah ! ma belle Minette... j'espère que je te démolis !

JEANNE, accourant.

Monsieur, la voilà qui rentre ! *

HORACE.

Minette !

JEANNE.

Elle monte l'escalier.

HORACE.

Elle est seule ?

JEANNE.

Oui, monsieur. (Elle sort.)

HORACE, seul.

Ah ! nous allons avoir une scène échevelée.

ESTELLE, entrant. *

Encore ce jeune homme ! ce monsieur Adolphe !

HORACE.

Je vais lui faire une entrée digne de la situation.

ESTELLE, stupéfaite.

Vous demandez, monsieur?...

HORACE.

Ça n'est pas vous, madame... (A part.) C'est sans doute une amie...

ESTELLE, effrayée.

Mais, monsieur, que faites-vous dans cette position ?

HORACE, monté sur un fauteuil, au fond.

Madame, je viens de faire cinquante lieues pour monter là-dessus. (A part.) Je ne la vois pas.

* Jeanne, Horace.

** Horace, Estelle.

ESTELLE, de même.

Cet homme est fou ! (Haut.) Encore une fois, monsieur, que faites-vous ici chez moi ?

HORACE.

Plaît-il?

ESTELLE.

Répondez.

HORACE.

Chez vous ?... je suis ici chez vous ?

ESTELLE.

Mais oui, monsieur.

HORACE.

Ah ! par exemple ! je la trouve forte...

ESTELLE, appelant.

Jeanne!

HORACE, à lui-même.

Ce ton, cette assurance... et Minette qui ne paraît pas... (Descendant de son fauteuil, à Estelle.) Pardon, madame, pardon... êtes-vous bien sûre d'être ici chez vous ?

ESTELLE.

Mais certainement, monsieur !

HORACE.

Comment... ces meubles sont à vous?... cet appartement est le vôtre?

ESTELLE.

Autant que peut l'être un appartement loué en garni... oui, monsieur... (Appelant.) Jeanne ! *

HORACE, à part.

En garni !... vous avez loué... Sapristi ! mais j'y suis... Minette n'aura pas payé... le propriétaire a confisqué les meubles et l'a flanquée dehors.

ESTELLE, sonnant.

Jeanne!... elle ne viendra donc pas ?

SCÈNE IX.

LES MÊMES, CROISILLON.**

CROISILLON, d'un ton singulier.

Mademoiselle, j'ai l'honneur de vous présenter ma petite facture.

HORACE.

Le tapissier ! sapristi !

ESTELLE.

Vous avez donc achevé votre travail ?

CROISILLON.

Non, madame, je m'en serais bien gardé...

* Estelle, Horace.

** Croisillon, Estelle, Horace.

ESTELLE.

Que veut dire ?...

HORACE.

Hum !... hum !...

ESTELLE.

Eh bien ! pourquoi cette facture ?

CROISILLON.

Je n'ai pas l'habitude de faire crédit.

HORACE.

Hum ! hum !

ESTELLE.

Je ne vous ai pas demandé de crédit.

CROISILLON.

Parbleu ! non ! au contraire... nous connaissons ça... On se fait livrer des meubles ; on dit : vous reviendrez demain... et quand on revient, la petite dame n'est pas chez elle !... elles ne sont jamais chez elles, les petites dames ! et on est refait.

ESTELLE, fièrement.

Monsieur, qui vous a donné le droit de me parler ainsi ?

HORACE, intervenant.

Ah ça, mais ils sont étonnants, à Paris, les fournisseurs !... Dites-donc, l'homme, qui vous a donné le droit ?... *

CROISILLON.

Parbleu ! vous savez bien que c'est...

HORACE.

Ça n'est pas une réponse !

CROISILLON.

Mais cependant...

HORACE, bas à Croisillon.

Tais-toi, j'ai trois maisons à meubler rue Lafitte pour le moment de l'Exposition.

CROISILLON.

Ta, ta, ta !... je vais reprendre la marchandise. (Il entre à gauche.)

HORACE, à part

J'ai fait là un joli coup !

ESTELLE.

Que veut dire ceci ?... que veulent dire ces injures ?

HORACE.

Madame... bien certainement que, au premier abord, je suis désolé... Agréez l'expression de mes sentiments distingués...

ESTELLE.

Mais non, vous ne sortirez pas !... Je veux savoir... Jeanne ! Jeanne !

JEANNE, entrant.

Voilà ! voilà !

* Croisillon, Horace, Estelle.

SCÈNE X.

ESTELLE, HORACE, JEANNE, puis CROISILLON. *

ESTELLE.

Eh ! que faites-vous donc, mademoiselle ?... voilà une heure que je vous appelle ! c'est insupportable !

JEANNE.

Eh bien ! pardine ! voilà !... madame n'a pas besoin de crier si haut !

ESTELLE.

Vous dites ?

JEANNE.

Je dis ce que je dis !

HORACE, à part.

Ah bien ! bon ! moi qui lui ai recommandé de la mener à la baguette ! (Il fait des signes à Jeanne.) hum !...

ESTELLE.

Vous oubliez, je crois, à qui vous parlez !

HORACE, de même.

Hum !...

JEANNE.

Moi, j'oublie rien du tout !

ESTELLE.

Insolente !

JEANNE.

Insolente ! parceque mademoiselle s'appelle Estelle de Boislami, ne dirait-on pas !...

ESTELLE.

Je vous chasse, mademoiselle !

JEANNE.

Vous me chassez ?... je m'en fiche pas mal !... J'aime pas les bourgeois gênants, moi ! et voilà ce que je leur fais aux bourgeois gênants ! (Elle lui fait un pied de nez. — Croisillon entre et aperçoit le geste.) **

ESTELLE.

C'est une indignité !

HORACE.

Oui, c'est une indignité.

JEANNE.

Plaît-il ?

HORACE.

Complet !... c'est complet !... Sortez, mademoiselle, sortez, impertinente ! ***

JEANNE, bas.

Mais vous m'avez dit...

* Horace, Estelle, Jeanne.
** Croisillon, Horace, Jeanne, Estelle.
*** Croisillon, Jeanne, Horace, Estelle.

HORACE, bas.

Voilà vingt francs... Je te donnerai une dot! (Haut.) Voulez-vous sortir, ou je te flanque par la fenêtre!

ESTELLE.

Monsieur!

JEANNE.

Eh bien! tant mieux!... je ne veux pas servir de camélias!

ESTELLE.

Ciel!

CROISILLON, qui sort du salon avec ses rideaux et ses candélabres.*

Et moi je ne veux plus faire l'œil à des filles de marbre!

HORACE.

Patatras! va te promener!

ESTELLE.

Ah! c'en est trop!

ENSEMBLE.

Air des *Mystères*. (Deuxième acte.)

HORACE.

Et ne pouvoir, ici,
Avouer ce mystère!
Sa trop juste colère
Me chasserait aussi.

ESTELLE.

Quoi! m'insulter ainsi!
Je suis d'une colère!...
Quel étrange mystère
Les fait parler ainsi?

CROISILLON.

Je ne veux plus ici
Faire une seule affaire,
Et, malgré sa colère,
Je coupe le crédit.

JEANNE, à Estelle.

De vos grands cris, ici,
Vous devez vous défaire,
Car, de votre colère
Je ne prends nul souci.

(*Croisillon et Jeanne sortent.*)

ESTELLE.

Être traitée ainsi!**

HORACE, à part.

Pauvre femme! (Haut.) Madame, si j'ai un conseil à vous donner, c'est de mépriser ces injures qui ne sauraient vous atteindre.

ESTELLE.

Mais, monsieur, me direz-vous enfin quel motif?...

HORACE.

Oh! c'est une histoire bien singulière!... Figurez-vous, madame... mais ça serait trop long à vous raconter... Qu'il vous suffise de savoir qu'une méprise que je déplore... Je donnerais dix ans de ma vie pour... Enfin, madame, acceptez mes regrets avec lesquels j'ai l'honneur d'être votre très-humble et dévoué serviteur.

ESTELLE.

Mais, monsieur!

* Jeanne, Croisillon, Horace, Estelle.
** Estelle, Horace.

HORACE.

Ah ! madame, je ne m'en consolerai jamais ! (Il sort.)

SCÈNE XI.

ESTELLE, seule.

Je ne sais où j'en suis... Quel est ce monsieur ?... que veut-il ?... d'où vient-il ?... où m'a-t-il connue ?... et mon oncle qui me laisse seule ainsi !

SCÈNE XII.

ESTELLE, HORACE, très agité il entre vivement.*

HORACE.

Sapristi ! madame... c'est bien malgré moi, je vous jure !...

ESTELLE.

Encore vous, monsieur ?

HORACE.

Oui, madame... croyez que... mon intention n'est pas de vous manquer.

ESTELLE.

Mais... monsieur, c'est une tyrannie indigne.

HORACE, avec agitation.

Figurez-vous, madame, que je viens de me rencontrer nez à nez sur le palier avec l'homme au pont mitoyen !... un animal nommé Duparquet.

ESTELLE.

Mon oncle !

HORACE.

Votre oncle ! mais alors, vous êtes donc sa nièce ?

ESTELLE.

Oui, monsieur.

HORACE.

Sapristi ! madame, vous avez pour oncle un vilain bonhomme !

ESTELLE.

Mais enfin, qui donc êtes-vous, monsieur ?

HORACE.

Crépillot fils, madame !

ESTELLE.

Monsieur Crépillot ! mais mon oncle a juré de vous exterminer !

HORACE.

Oui, madame, moi et toute ma dynastie ! Ah ! nous allons bien nous amuser !

DUPARQUET, au dehors.

Mille tonnerres !

* Horace, Estelle.

ESTELLE, avec effroi.

C'est lui !... le voici ! Monsieur, par grâce ! cachez-vous !

HORACE.

Me cacher ?

ESTELLE.

Je vous en conjure ! (Elle montre vivement à Horace les rideaux de la fenêtre ; Horace s'y blottit. — Quand Duparquet entre en scène, Estelle, très-émue, se place vivement devant le rideau.)

SCÈNE XIII.

DUPARQUET, ESTELLE, HORACE, caché. *

DUPARQUET.

Vois-tu, je suis exaspéré !

ESTELLE.

Qu'avez-vous donc, mon oncle?

DUPARQUET.

J'ai vu douze avocats... ce sont des huîtres... ils me disent tous que je perdrai mon procès. Ah ! pourquoi ai-je eu l'idée de faire bâtir un pont ? ** Coupable Cornélie !

HORACE, à part.

Cornélie !

DUPARQUET.

Infâme Pichard ! gredin de Crépillot !

ESTELLE.

Oubliez cette histoire !

DUPARQUET.

Et dire que j'avais projeté un mariage entre toi et son déplorable fils.

HORACE, à part.

Ah bah !... c'était une bonne idée, ça.

ESTELLE.

Comment, mon oncle, un mariage?

DUPARQUET.

Un bon matin je romps tout... Il poursuit pour se venger, le pleutre.

ESTELLE.

Mais après tout, s'il gagne... ça ne vous ruinera pas.

DUPARQUET.

Ça n'est pas l'argent... il y a dans le dossier de ce Crépillot une pièce qu'on peut lire à l'audience... je donnerais trente mille francs pour avoir cette pièce ! ***

HORACE, à part.

Tiens ! tiens ! tiens !

ESTELLE.

Qu'est-ce donc ?

* Horace, Estelle, Duparquet.

** Horace, Duparquet, Estelle.

*** Horace, Estelle, Duparquet

DUPARQUET.

Tu n'y comprendrais rien; sache seulement que cette pièce m'inonde de ridicule... aux yeux de Chatellerault et de l'Europe entière. * (A part.) Oh ! cette lettre ! où ce Pichard tutoie mon épouse comme en 89... cette lettre ! (Haut.) Voilà ce que j'ai voulu étouffer depuis quatre ans ! Je suffoque !... je suis ému... et quand je suis ému, j'ai envie de dormir; je vais faire un somme ! ** (En sortant.) Ah ! sapristi ! quand je ferai bâtir un pont, il fera chaud ! Canaille de Crépillot ! (Duparquet sort à droite.)

SCÈNE XIV.

HORACE, ESTELLE.***

ESTELLE.

Oh ! maintenant, fuyez, monsieur, fuyez.

HORACE.

Fuir !... quand le hasard me jette sur vos pas !... quand le bonheur me prend au collet... j'aurais la bêtise de lui passer la jambe... allons donc ! Je reste ici... je m'y cramponne... je m'y incruste.

ESTELLE.

Mais que voulez-vous faire ?

HORACE.

Comment ! que faire ?... quand c'est vous que papa voulait me faire épouser ! (On sonne.) Qu'est-ce que c'est que ça ?

ESTELLE.

Qui peut sonner ainsi ?

SCÈNE XV.

LES MÊMES, ADOLPHE un peu lancé.

ADOLPHE.

Ah ! me voilà !

ESTELLE.

Monsieur Séligny !

ADOLPHE.

Bonjour, cher... bonjour, ma toute belle...****

HORACE, à part.

Voilà le bouquet !

ADOLPHE, riant.

Pardon, mon adorée... j'ai cassé la sonnette !

ESTELLE, à part.

Ce jeune homme... d'ordinaire si respectueux...

ADOLPHE.

Tiens ! mon cigare est éteint... (A Estelle.) Madame serait-elle assez bonne pour me donner du feu ?

* Horace, Duparquet, Estelle.
** Horace, Estelle, Duparquet.
*** Horace, Estelle.
**** Estelle, Adolphe, Horace.

ESTELLE, indignée.

Ah !

HORACE.

Ah !

ESTELLE, furieuse.

Monsieur, veuillez sortir.

ADOLPHE.

Sortir ! Ah ça ! mais... elle ne sait donc pas que je sais tout.

HORACE, à voix basse.

Vous ne savez rien...

ESTELLE.

Que savez-vous, monsieur ?... depuis ce matin tout le monde m'insulte.

ADOLPHE.

Êtes-vous, oui ou non, Minette Taupier ?

HORACE, à part.

Va te promener... voilà la mèche vendue !

ESTELLE, étonnée.

Minette Taupier ! qui vous a dit ?

ADOLPHE.

Eh ! parbleu ! c'est monsieur.

ESTELLE.

Monsieur ?

HORACE, avec un grand aplomb.

Oui, madame, c'est moi... donc, monsieur est un niais !

ADOLPHE, à lui-même.

Ah ! mais !

HORACE, à Adolphe.

Comment ! vous avez pris madame pour... oh ! mais regardez donc ses mains... regardez ce visage, ces yeux... de la Vénus pudique !...

ESTELLE.

Monsieur !

HORACE.

Madame, je ne vous parle pas... (A Adolphe.) Regardez cette taille élégante et ce front... le front proéminent de la Joconde.

ESTELLE.

Mais, monsieur.

HORACE.

Madame, je vous prie de me laisser tranquille, je ne vous parle pas. (A Adolphe.) Et vous avez cru que madame était... oh ! mais décidément, vous êtes bête, Adolphe.

ADOLPHE.

Ah ! mais...

HORACE.

Allons, allons, faites vos excuses à mademoiselle de Boislami et allez vous-en !

* Estelle, Horace, Adolphe.

ADOLPHE.

Ah ! c'est trop fort !*

HORACE.

Allons, allons... va-t-en ! tu es ridicule et ça me fait de la peine !

ADOLPHE.

Vous m'avez joué là un tour...

HORACE.

Entre nous, j'en ai le trac !

ADOLPHE.

Oh ! madame... combien je suis désolé ! croyez...

ESTELLE.

Eh ! monsieur, vos excuses sont une nouvelle offense !

ADOLPHE.

Ah ! fort bien ! (Jetant un regard sur Horace.) Je comprends... mais monsieur ne sera pas longtemps l'heureux objet de vos préférences !

ESTELLE.

Plait-il ?

HORACE.

C'est bien, monsieur !

ADOLPHE, avec rage.

Je vous attends, monsieur !**

HORACE

C'est ça... attendez-moi !

ENSEMBLE.

Air de *Tambour battant*.

ADOLPHE.

Assez d'insolence !
C'est trop m'outrager !
D'une telle offense,
Je veux me venger !

ESTELLE.

Assez d'insolence !
C'est trop m'outrager !
D'une telle offense,
Qui peut me venger ?

HORACE.

Assez d'insolence !
C'est trop l'outrager !
D'une telle offense,
Je dois la venger !

Ah ! enfin !

* Estelle, Adolphe, Horace.
** Estelle, Horace, Adolphe.

SCENE XVI.

HORACE, ESTELLE.

ESTELLE, piquée.

L'objet de vos préférences ! (A Horace.) Encore une nouvelle injure! et c'est à vous que je la dois ! (Pleurant.) Me traiter ainsi !

HORACE.

Vous pleurez ! Elle pleure ! et c'est moi qui la fais pleurer... oh ! c'est indigne ! eh bien ! madame sachez tout ! c'est moi qui suis cause... j'étais venu ici pour me venger d'une femme !

ESTELLE.

Comment !

HORACE.

Qui a trompé indignement un de mes amis... Cet appartement que vous habitez est le sien... voilà pourquoi on vous a prise pour elle, on vous a injuriée ! Oh ! mon erreur n'a pas d'excuse... mais je vais me battre avec Adolphe, et si la vie d'un homme peut racheter mes torts... acceptez la sienne...

ESTELLE.

Monsieur !

HORACE.

Et puis c'est peut-être moi qui serai embroché, alors raison de plus pour me pardonner... j'aurai été pour vous un monsieur qui passe .. qu'on a vu un instant et que l'on ne reverra jamais... tandis que vous êtes pour moi, un rêve, une vision trop tôt finis ! Agréez, madame, la vive expression de mon estime... particulière... avec laquelle... (Il salue et remonte prendre sa valise. — Estelle salue dignement. — Cherchant à relier conversation.) C'était tout de même une singulière idée... n'est-ce pas, madame ?

ESTELLE.

Quelle idée, monsieur?

HORACE.

Celle de monsieur votre oncle... c'est même étonnant qu'un homme, qui, entre nous, n'a pas l'air fort, ait eu cette idée-là !

ESTELLE.

Mais, enfin, à quel sujet ?

HORACE.

Au sujet de... notre mariage... (Il rit.) Ah ! c'était une idée, assez heureuse, car, enfin... vous êtes une femme... très... moi, de mon côté... je ne suis pas trop... (Estelle sourit.) Vous riez... ah ! ah ! ah ! vous avez ri !

ESTELLE.

Mais du tout, monsieur... d'ailleurs, en admettant quo je vous pardonne... je vous connais à peine...

[illegible] Estelle. Horace.

HORACE.

Ah! mademoiselle, je suis un bon garçon! vrai! Je vous rendrais heureuse, je vous le jure... par vos beaux yeux! et c'est une bonne chose, allez, que de pouvoir se dire : maintenant, je suis tranquille, j'ai du bonheur sur la planche pour mes vieux jours!

ESTELLE.

Monsieur....

HORACE.

Air : *Je sais attacher des rubans.*

L'hymen est un lien charmant!
Et, depuis notre premier père,
On voit flotter à tout moment
L'écharpe de monsieur le maire!
L'hymen est-il le bonheur, ici-bas?
Essayons-en quarante ans, je suppose...
Après ce temps, si ça ne vous va pas,
Nous tâcherons de trouver autre chose.

ESTELLE, vivement.

Mais, mon oncle qui vous déteste... et ce malheureux procès.

HORACE, à part.

Ce procès... ce n'est que ça! (Comme frappé d'une idée subite.) Ah! (Criant.) Monsieur Duparquet!

ESTELLE.

Monsieur, que faites-vous?

HORACE.

Je vais arranger ça avec votre oncle! Monsieur Duparquet!

ESTELLE.

Mais, monsieur, vous êtes fou!

HORACE, lui baisant les mains.

Oui, madame... Duparquet!

DUPARQUET, dans la coulisse.

Qu'y a-t-il?

HORACE, à travers la porte.

C'est une visite... ne faites pas de toilette, venez comme vous êtes.

DUPARQUET, de même.

Une visite... c'est mon avocat... j'accours. (Entrant.) Où est-il? (Il est en pet-en-l'air et en caleçon, il a un foulard sur la tête et tient sa canne à la main.)

HORACE, se montrant.

Voilà!

SCÈNE XVII.

HORACE, ESTELLE, DUPARQUET. *

DUPARQUET, voyant Horace.

Crépillot fils!

* Estelle, Horace, Duparquet.

HORACE, passant à la hâte un gant blanc.

Monsieur Duparquet, j'ai l'honneur de vous demander la main de mademoiselle votre nièce.

DUPARQUET.

Où est mon gourdin ? *

HORACE.

Pas de bêtises ! voyez-vous ceci ? (Il lui montre les papiers.)

DUPARQUET.

Qu'est-ce que cela ?

HORACE.

Votre dossier.

DUPARQUET.

Mon dossier ! donne, malheureux, donne !

HORACE.

Du tout. (A Estelle.) Mademoiselle, ne serez-vous pas pour nous la douce colombe apportant la branche d'olivier ?

ESTELLE, qui a pris le dossier des mains d'Horace, le rendant à Duparquet.

Tenez, mon oncle. (Horace lui baise la main.)

DUPARQUET, saisissant le dossier.

O bonheur ! (Il le parcourt à droite sur le canapé.) Ciel ! elle n'y est pas !

HORACE.

Quoi donc ?... quoi donc ?...

DUPARQUET.

Cette lettre !

HORACE, riant.

Quelle lettre ? **

DUPARQUET.

Tu as voulu me flibuster... tu n'auras pas ma nièce.

HORACE.

Mais quelle lettre ?

DUPARQUET, hors de lui.

O Cornélie !

HORACE, comme frappé d'une idée subite.

Cornélie !... je comprends. (A lui-même.) Sapristi ! mais j'ai allumé mon cigarre avec !

DUPARQUET, agitant sa canne.

Sors, Crépillot fils ! sors à l'instant même !

ESTELLE.

Mais mon oncle...

HORACE.

Un instant ! elle doit y être... (Ayant l'air de chercher dans ses poches.) Ah ! la voilà !

* Horace, Estelle, Duparquet.

** Estelle, Horace, Duparquet.

DUPARQUET.

Quoi ?

HORACE.

La lettre! (A part.) Charton, bottier, rue saint-Anne... c'est la note de mon bottier, non acquittée. (Feignant de lire.) « O Cornélie, idole de mon âme. »

DUPARQUET.

Ciel !

(Ici Estelle qui a jeté un regard sur ce que lit Horace; réprime un sourire.)

HORACE, continuant.

« Oui, tu l'as dit... oui, tu m'aimes... »

DUPARQUET.

Assez ! ne vas pas plus loin !

HORACE, à part.

Sapristi ! je ne demande pas mieux.

DUPARQUET.

Respecte un vieillard !...* Donne-moi cette lettre... et reprends ma nièce!

HORACE, avec une gravité comique.

Écoutez, Duparquet!... la douceur de votre caractère, l'aménité de vos manières, m'ont inspiré les plus vives sympathies! soyons amis. Cette lettre, je ne veux pas savoir le secret qu'elle renferme, et pour que vous soyez bien certain qu'elle n'existe plus... tenez... (Il s'approche de la cheminée et la brûle.) Voilà ! Maintenant, Duparquet, je m'en rapporte à votre cœur pour la récompense honnête.

DUPARQUET, avec enthousiasme.

Crépillot fils ! ma nièce est à toi! ** O France, tu as donc encore de nobles enfants !...

HORACE, à part.

Allons donc !

ESTELLE, à voix basse.

Charton, bottier, rue Sainte-Anne...

HORACE, à part.

Sapristi ! (bas.) Et vous me pardonnez ?...

ESTELLE, bas.

Je vous dirai cela... à Chatellerault.

HORACE, enchanté.

Allons... j'ai joliment bien fait de venir chercher Minette.

CHŒUR.

Air : *Polka de la Maîtresse du mari.*

Heureuse journée !
Pour nous quel destin !
L'amour, l'hyménée,
Se donnent la main.

* Estelle, Duparquet, Horace.

** Duparquet, Estelle, Horace.

HORACE, *au public.*

Air *de la Servante justifiée.*

Minette a les dents blanches, les yeux bleus,
Col de cygne et taille divine,
Nez aquilin et blonds cheveux,
Un sourire enchanteur, un pied que l'on devine.

ESTELLE.

D'un tel portrait, je voudrais, mais en vain,
Vous garantir la ressemblance !
Eh bien ! messieurs, revenez, et demain
Nous vous ferons faire sa connaissance.

TOUS.

Nous vous ferons faire sa connaissance.

REPRISE DU CHOEUR.

FIN.

Clermont (Oise). — Imp. A. Daix, rue de Condé, 58.

www.ingramcontent.com/pod-product-compliance
Ingram Content Group UK Ltd.
Pitfield, Milton Keynes, MK11 3LW, UK
UKHW022139260726
13993UKWH00005B/2028